박희정 시집

잊지 마, 모든 날들 속에서
그의 사랑이 넘친다는 것을

박희정 시집

잊지 마, 모든 날들 속에서
그의 사랑이 넘친다는 것을

순 수

◆ 시인의 말

'잊지 마, 너의 모든 날들 속에
그의 사랑이 넘친다는 것을' 출간하며

먼저 주님이 주시는 지혜로 부족하지만
발자국을 남길 수 있어 감사드립니다
그저 마음을 담아 늘어놓은 것들이
태어나 누군가에게 자그마한 위로와 기쁨을
주는 선물이길 바래봅니다
시집의 출간이 늦어지며 조바심이 나면서도
수줍은 나의 이야기가 세상 밖으로 나올만큼의
자신 또한 없었습니다
그러나 나의 시어들을 끄집어 내고자
용기를 내어 보았습니다
바라고 소망하는 것 그리고 우리가 가지고 가야할
것들에 대한 사랑을 담아보았습니다
많이 부족합니다
그러나 내 안의 사랑만큼은 부족하지 않습니다
사랑을 받아 본 자가 사랑할 수 있는 것처럼
하나님께 받은 사랑이 너무 커 그 모든 마음을
글에 담아 첫 시집을 출간합니다
우리가 살아가는 세상이 늘 맑음만 있으면

얼마나 좋을까요
그러나 그렇지 않다 해도 가야 하는 게 인생이지요
그 인생길에서 찾은 나의 행복을 함께 나누게 되어
기쁘고 감사합니다

끝으로
등단에 이르게 도움 주신 이춘원장로님
첫시집 표지디자인해 주신 저의 편 이용규 장로님
부족함에도 잘 이끌어주신 필동인 문인분들
출간을 할 수 있게 신경 써 주신 순수문학
박영하 주간님
출판에 힘써주신 순수문학 출판부 관계자분들
 또한 부족한 이 시집을 마음으로 읽어주실 모든 분들게 지면을 통해 깊은 감사를 드립니다

2025년 8월 18일 박희정

차례

시인의 말 · 10

1부 행복

구름 위에 올라 보니	21
나 서 있는 이곳	22
Hallelujah	23
찬양합니다	24
여호와를 기뻐하라	25
콘체르토 그로소(concerto grosso)	26
멍 때리기	27
풍선 띄우기	28
암흑 속의 빛	29
노을을 그리다	30
내가 구한 은사	31
네모난 세상	32
느림보	33
벼랑 끝 소나무	34
왜 그러고 살았을까	35
이 잔이 내게서 지나갈 수 없거든	36
앞서지 않게	37
듣자	38
그분의 사랑	39
비움	40

2부 감사

그대 때문에	45
너이기에 · 1	46
너이기에 · 2	47
나의 하루	48
눈이 부신 하루	49
스텝(step)	50
그와 걷는 길	51
큰 나무	52
부모	53
새벽시장	54
포커스	55
이유	56
광야에서	57
바람의 이해 · 1	58
바람의 이해 · 2	59
생명	60
뱉어 내지 못한 말	61
사랑 하나 드립니다	62
보석	63

커피 한잔 하실래요!	64
붓이 움직이는 대로	65
골목길	66
따사로운 햇살에 기울인 그늘	67
감사	68
봄비의 기적	69
사잇길	70
머물다 간 자리	71
흔적 지우기	72
위로	73
수국의 꿈	74
문틈에 끼인 행복	75
너의 향기	76
떠나간 이의 노래	77
사랑이어라	78
어머님 고향가셨네	79
상처	80
어느 날	81
여행	82

거북이 등껍질	83
초록생명	84
광선에 비친 풀잎	85
절망을 풀이하다 · 1	86
절망을 풀이하다 · 2	87
회복	88
집 앞에 핀 꽃	89
힘찬 여름이다	90
가을비 향기	91
가을축복 · 1	92
가을축복 · 2	93
가을축복 · 3	94
가을축복 · 4	95
가을축복 · 5	96
겨울맞이 · 1	97
겨울맞이 · 2	98
겨울맞이 · 3	99
갓 지은 밥 한 그릇	100

3부 소망

일어나 함께 가자	103
꿈을 꾸리라 · 1	104
꿈을 꾸리라 · 2	105
중년의 꿈	106
목적지	107
부흥	108
간헐적 다이어트	109
기도할께요	110
살다 보니 살아 보니	111
소원 · 1 (2017 아들에게 보내는 편지)	112
소원 · 2	114
소원 · 3	116
기도한다	117
너에게 주고픈 것	118
나의 작은 소망	119

1부
행복

구름 위에 올라 보니

하늘 위에 올라 보니
자연이 주는 신비에
무한을 느껴 본다
청정한 푸르름으로
내 삶도 깨끗해지며
몽글몽글 피어 오른 구름이
상심을 덮어
원래 없었던 것처럼
가벼이
더 높은 하늘로 올려보낸다

나 서 있는 이곳

나 서 있는 이곳
주님을 찬양하기 좋은 곳
온전한 그분과 함께한 이곳
주님을 경배하기 딱 좋은 곳
폭풍우가 나를 넘어뜨려도
주가 나를 품에 안으심을 알기에
나 서 있는 이곳에서
주님을 춤추며 찬양하네
광선이 나를 피해 간다 해도
두렵지 않을 자신있네
나 서 있는 이곳에 주님과 함께이니

나 서 있는 이 곳
주를 찬양하기 딱 좋은 곳

Hallelujah

Hallelujah
아름다운 단어
외친만큼 되돌아오는 아름다움
답답한 가슴은 사라지고
뜨거운 가슴을 품게 하는 마술

Hallelujah
표현 못하는 것들을
대변하는 단어
내 안에 무한을 끄집어 내어
존재의 이유를 찾아준다

나를 사랑하게 하고
나를 살아있게 하고
나를 웃게하는 그 것
Hallelujah

찬양합니다

당신을 찾아 나서는 걸음으로 찬양합니다
당신을 닮은 긍휼의 손으로
사랑을 나누며 찬양합니다
당신의 말씀 가득한 지혜의 말로
위로를 건네며 찬양합니다
온몸이 악기가 되어 춤추며 노래하며
당신을 찬양합니다
내 모든 삶
당신이 가득한 향기로 찬양합니다
두 손을 높이 들고
당신이 나와 상관있기에
기쁨으로 찬양합니다

여호와를 기뻐하라

네 안의 소원을 이루실
여호와를 기뻐하라
춤추며 노래하며 여호와 안에서 뛰놀며
아이의 웃음소리와 같이 청아한 소리로
여호와를 즐거이 부를지어다
여호와의 긍휼로 나를 덮고
여호와의 긍휼로 다시 세우시며
내 안에 새로운 소원으로 성취케 하시는 이
여호와를 기뻐하라

콘체르토 그로소(concerto grosso)

천상의 울림이 들린다
천사들과 장로들의 합창
더하여 만물이 높여 부르고
뒤이어 우리의 기도가 보태어져
많은 물 소리가 들려 온다
하나의 울림에서
더하고 보태어 진
큰소리
세상을 흔들며
그 분을 둘러싼
맑고 영롱한 물 소리가
하나의 소리로 부어져 내린다
하나이지만 하나가 아닌
찬양의 노래가
흔드는 세상에
서 있고 싶다

※콘체르토 그로소 : 바르크시대에 만들어진 다악장 협주곡

멍 때리기

얼기설기 복잡한 일상에
그저 아무 생각 없이
지내보고 싶다
그래도 복잡함이 나를 잠식해
무거운 머리를 부여잡으며
고통을 견딘다
멍 때리는 대회도 있는데
그럴 수가 없는 건 무엇 때문일까
평강이 나를 휘감아
나를 이끌길 바라며
오늘 한번
멍 때려 본다

풍선 띄우기

풍선에 바람을 넣어
하늘로 띄운다
입으로 불어 띄우기엔
입에서 나오는 것들이 무거워
하늘로 올라가지 못한다
헬륨 그것으로 풍선을 띄울 수 있다
아주 가벼이 하늘로 하늘로 오르기에 좋다
우리의 걱정 근심도 헬륨이 든 풍선이면 좋겠다
입에서 나오는 한숨으로
땅이 꺼지는 것 말고
헬륨의 가벼움으로 걱정을 하늘에 띄우고 싶다

암흑 속의 빛

큰 물고기에 삼키운지 사흘
물고기가 요동치며 괴로워한다
같은 두려움에 나도 요동친다
이젠 끝이다 뱉어 내니
물고기가 삼킨 나를 토해 낸다

넘실대며 바다는 나를 밀어 냈다
죽어라 허우적거리며
발이 바닥에 닿는 순간
빛을 보았다
나를 살린 빛이 환한 웃음을 띠우며
나에게로 달려온다

노을을 그리다

하늘과 물이 맞닿은 곳은 수평선
하늘과 땅이 맞닿은 곳은 지평선
하늘과 내가 맞닿으면 무엇이 이루어지려나
너와 내가 맞닿은 곳에 사랑이
서로가 서로를 안아 줄 사랑이 이루어지면 좋겠다
수평선에 그려진 노을이 내 마음에 그려지면
그 사랑이 노을을 만들고
너도 나도 구별 없이 어우러지는
하늘과 맞닿은 노을을 그린다

내가 구한 은사

방언 통변의 은사를 구했다
방언으로 기도할 때 답답했거든
치유의 은사도 구했다
치유를 통해 높아지고 싶었거든
지혜의 은사도 달라 했지
그게 어떤 지혜인지도 모른 채
분별의 은사도 물론 구했지
잘잘못을 따지려고
그러나 이제는 바뀌어 구하네
방언 통변의 은사로 인해
위로하고 덕이 되어야 한다는 걸
치유의 은사로 긍휼을 품을 수 있어야 한다는 걸
지혜은사로 참 기쁨을 누릴 수 있다는 걸
분별은 하나님의 영광 안에 평강하라고
주실 이 모든 은사가 사랑을 품지 않고서는
넘어질 수 있는 걸림돌이었어
모든 것보다 먼저 있어야 할게
사랑이었어

네모난 세상

아담은 처음부터
버려지는 두려움을 극복하지 못했다
버려진 게 아니고
사랑을 배우라는 깊은 뜻을 모른 채
들판에 나갔나보다
아름드리 드리워진 숲을 뒤로 하고
그는 삭막한 사막을 선택했다
그래서
나만의 세상으로 만들어 버렸다
나만의 세상
그건 나를 위한 것도 아닌
닫혀 버리고 갇혀 버린
어두운 네모가 되었다

느림보

내가 꿈꾸던 세상
자연 속에 파묻혀
숲이 주는 진리 속에
시간은 광속으로 가 버리지만
나를 느리게 붙잡으며
숲을 보라, 숲을 느끼라 외친다
머리는 하늘에 있고
몸은 땅에 있는 기이한 세상
머리와 몸이 하나가 되는 때가
내가 꿈꾸는 세상을 만나리

벼랑 끝 소나무

벼랑 끝 소나무
아슬아슬 뿌리내리고
발에 균형 잡고 줄을 타듯
서 있다
잎사귀 사이사이로
미끄러지듯 흐르는 바람은
머리카락을 휘어잡고
낚아채듯 소나무를 사정없이 흔든다
소나무는 최대한 가늘게 몸을 만들고
바람의 농락에 맞선다
땅에 남은 조금의 양분이라도
놓치지 않고 흡수해
매서운 칼바람에도
쉽게 긴장감을 드러내지 않는다

왜 그러고 살았을까

내가 그대를 사랑한만큼
그대를 가두었다
결국 그대는 자유를 찾아 가 버렸다
내가 그대를 사랑한만큼
이별로 베인 상처가 이불을 붉게 물들인다
내가 그대를 사랑한만큼
후회로 남은 시간들에
의식을 놓는다
왜 그러고 살아갈까
왜 그러고 살았을까
다시 그대를 만나면
후회 없이 사랑하리라
다시 그대를 만나면
아름답게 머물리라

이 잔이 내게서 지나갈 수 없거든

인생은 고행길이라 했나
즐거운 것만, 하고 싶은 것만 하고 살면
그 인생길은 꽃밭일까?
각자의 십자가의 길이 있다고 했던가
사순절
꾸우꾹 눌러 마태복음 필사에 동참했다
별거 아니라 여기며
그저 손 글씨가 부담스럽다는 불평을 하며
예수 십자가의 길을 담아 내고 있을 즈음
'이 잔을 내게서 지나갈 수 없거든'
예수의 세 번의 기도
그건
나를 향한 예수 사랑의 확증
내 십자가의 길이
꽃길이었다

앞서지 않게

내 길을 가다 보니
나름 기준이 생겼다
기본 상식에 맞혀 자로 재고
기준에 안 맞으면 깎고 쳐내고
백 번 양보해서
많이 참아줬다
쓰리아웃으로 쳐내는 걸 정당화하며
나름 공의롭다 말하며 상식을 운운했다
어느 날
날 찾아오신 그 분은
사랑보다 앞설 수 있는 건 없다 하신다
내가 그를 사랑하는데 나보다 앞서지 말라 하신다
내가 사랑하는 그를 쳐내지 말라 하신다
사랑하기 힘들면 그냥 기다려 달라 하신다
내가 너를 사랑으로 기다린 것처럼
기다려 달라 하신다
여태 난
그 분
앞에 있었던 걸 깨닫게 되었다

듣자

늘 상처 입고 불안해하고
많은 소원을 가지고
그에게로 간다
그는 한결같이 듣고 또 들어준다

항상 그는 바라봐 주지만
대답 좀 하라고 보채고
곧 실망하고 포기하고를 반복한다
듣고 싶은 소리만 듣길 원해
들려준 소린 어디에도 없이 사라졌다

들려준 그의 마음을 담아 내자
짙은 안개가 깔린 세상에서
보이는 빛을 찾아
듣고 들려주는 그의 빛의 소리를
가지고 가자

그분의 사랑

생명 주신 그분의 소망

'돋는 해의 아침 빛 같고
구름 없는 아침 같고 비 내린 후의 광선으로
땅에서 움이 도는 새풀 같으니라'
너의 모든 날을 축복한다

조건 없이 너를 향한 사랑이
죽음도 불사한 사랑이
모두 너를 둘러싼 사랑이었어

태초부터 지금까지
하루도 빠짐없는 날들 속에
그가 사랑하는 이는 바로 너였어

잊지 마
너의 모든 날들 속에
그의 사랑이 넘친다는 것을

비움

하늘거리는 바람에 내 마음을 실어 보냅니다
내 마음이 아주 가볍습니다
당신을 생각하는 마음이 적어서가 아닙니다
내 마음을 매일 당신 곁에 두고 오기에
살랑이는 바람에 띄울 수 있기 위함입니다

빈 유리잔을 당신에게 드립니다
그 잔에 채울 선물을 준비하지 못함이 아니라
단지 나의 욕심만으로 당신의 삶의 잔을 채우지 않기
위함입니다

가벼워야 당신께 갈 수 있고
비워야 당신 것으로 채울 수 있음을 알기에
비우며 비우기를 배워갑니다

나는 당신만으로 만족합니다
나는 나 일 때보다
당신 일 때가 더 행복합니다

채웠을 때의 뿌듯함보다
비웠을 때의 감사가
나를 더 설레게 합니다

넘쳤을 때의 우월감보다
가볍고 모자랐을 때의 간절함이
나를 더 꿈꾸게 합니다

나는 당신 때문에 비움의 사랑을 배웁니다

2부

감사

그대 때문에

거센 바람에 이끌리어
넘실거리는 파도 너머
또 다른 세계가 있다

무서운 쓰나미가 지나간 후
다시 시작하는 삶이
그래도 희망이다

많은 시련에도
끊이지 않는 희망
언제 끝날지 모르는
힘겨운 싸움에도
조금씩 보여주는 소망이
내 안에 있는 건
그대 때문

그대의 소리로 인해
그대의 마음으로 인해
깊은 바다 속 다른 세계를 본다
믿음으로 눈을 뜨고
사랑으로 바라보는 세상을

너이기에 · 1

뛰어가다 숨이 차면
잠시 쉬어 가도 무관하다
넘어지면 넘어지는 대로
천천히 일어만나다오
쥐어진 게 많다고 좋아할 것도 없고
아무것도 없다고 좌절할 것도 없다
너는 너일 뿐이니까
너이기에 내 손을 잡아 준거니까
다만
너도 나의 손만 잡아다오
그것뿐이다

"그는 넘어지나 아주 엎드러지지 아니함은
그의 손을 붙으심이로다" -시편 37:28

너이기에 · 2

두려움에 떠는 작은 새
어두움이 깃든 숲
인적이 드문 그 곳에
밤새 지킬 동료를 찾다
혼자 남은 작은 새
잠을 이루지 못해
맞이할 새벽
함께 있어주지 못한 미안함에
반딧불을 보낸다
깊은 밤 숲을 지켜 줄 동료이길 바라며
큰 힘 가지고 올 희망을 담아
숲에서 날개치길 바란다
두려워하지 말길
겁내지 말길
작지만 큰 꿈을 품은 너이기에

나의 하루

햇살 가득 뜨거움을
지나 산들바람 맞이하고
매서운 한파 터널 지나
따스한 햇살 맞이하고
돌고 돌아
맺혀진 열매가 탐스럽다

청춘의 탐스러움 어디 가고
세월에 못 견딘
힘 빠진 중년으로 남았네
모진 바람 지나
이제 알게 되었네
하루하루를 내 것으론
견디기가 버겁다는 걸

눈이 부신 하루

파랑색이 주는 평안함
초록이 주는 안정감
자연이 들려 주는 소리에
시작이 감사한 하루다

누구에겐 삶의 터전이고
누구에겐 무한한 기쁨의 장소
그러한 삶을 우린 살아간다

오늘 나에겐
삶의 터전과
휴식의 하루
눈부신 햇살과 함께 감사한 하루를 맞는다

스텝(step)

너와의 발맞추기
조금 빠르게 걸어도
조금 늦게 걸어도
서로 묶인 발은
엉켜버려 넘어진다
반환점을 돌아오기 위한 눈 맞춤
호흡을 가다듬고 하나 둘 소리에
한발 한발 내딛으며 가야 하는 게임
급한 마음은 누르고
느린 걸음은 속도를 내어 조금씩
묶인 발이 빠지지 않게
step by step

그와 걷는 길

하얀 꽃눈이 날리는 곳
꽃비가 흩뿌리던 날
천상에 와 있는 듯
눈이 부신 하루였다

아름다운 시절을 지나는 그 날처럼
햇살사이로 비추이는 꽃눈이 나를 닮았다
살랑거리며 어루만지는 바람의 결을 따라
흩뿌리듯 내려앉은 꽃잎에
그의 숨결이 스친다

그가, 내가
함께하는
눈부신 하루가
쉼표에 머문다

큰 나무

뜨거운 햇볕엔 나무그늘이
사막의 오아시스이듯
우리의 세상엔 큰 나무 한 그루 있습니다
하나님이 주시는 햇살에 잎사귀를 만들어
시원한 그늘을 만들면
우린 그곳에서 땀을 식힙니다
80년의 세월을 지나 고목이 되었어도
여전히 잎사귀를 떨구지 않고
힘껏 그늘을 만들어 우리의 쉼터가 되어 줍니다
우린
그늘에 앉아 큰 나무의 사랑을 배웁니다

부모

무슨 죄가 많길래 다 주고도
감사하단 말보단
온갖 투정에
심신이 젖는다
다 주고픈 마음이지만
힘에 부친 노부부가
살 에이는 추운 겨울을 맞는다
누구도 떠밀진 않았지만
그 누구도 하지 말라는
말을 건네지 않았다
어릴 적 부모는
미숙한 초보였고
지금은
청춘에 부모되어
내 시절 잃은 노인으로 남았다
그럼에도 나를 향해
사랑 가득 웃으신다

새벽시장

고요한 거리 속에서
다른 세상이 문을 연다
강렬한 태양 아래
생명이 숨쉬는 시간보다
생명이 움트기 전
새벽
햇살이 비취기 전
캄캄함 속에서
활력이 솟는다
하루의 시작을 알리기 위해
꽃을 고르며 더 빨라지는 발걸음
꽃을 다루는 손이 바빠지며
다시 심장이 뛴다
삶이다!

포커스

포거스가 너였다면
난 절망에서 빠져 나오지 못했을 거야
그에게 초점을 맞혔기에
나올 수 있었어
그가 잡아준 손에
이끌리어 빛을 볼 수 있었고
너로 받은 상처
그로 인해 아물기 시작했어
미움도 잠재울 수 있었어
문득문득 '왜?'가 사무치지만
그때마다 마음을 지켜주는 그를 보았지
나를 위한 그의 계획은 치밀하고 빈틈이 없어
나의 깊은 상처도 퍼즐의 한 조각일거라 믿어
그의 손을 잡은 게 아니라 그가 잡은 나의 손
이끄는 대로 가며 평강하길 바래봐

이유

두둑 두두둑
나뭇가지가 꺾인다
영 부러질 것 같지 않았던
굵은 가지가 부러졌다
그 안에 꽉 채운 심지가
다 빠져 바짝 마른 나무로
맥없이 부러졌다
이제야 그 나무는 편안한 쉼을 가지게 되었다
비틀린 자세로 고집하다
내 몸의 자세가 힘든지도 몰랐다
부러진 것이 더 축복이다
축복 속에 머무를 나무여

※ 시아버지 세례받는 날

광야에서

지름길 두고 돌고 돌아
원하지 않았던 광야 길에 서 있다
뜨거운 해를 비껴 구름을 만드시고
석양의 노을에 매서운 바람을
따스한 온기로 채우시는 분이 있다
고단한 광야 길에서 채우시는 그분
연약하기에 느낄 수 있고
부족하기에 채우시는 그분을 만나
안전한 광야를 누린다
옛 삶에서 누리지 못했던 것
난 지금 그분으로 위로를 얻고
난 지금 그분으로 만족감을 얻네
광야에서 만난 그분만으로 충분하네

바람의 이해 · 1

보드라운 살결에
살포시 내려앉은 바람 한 가닥
갈증을 풀어 주는 소망일 수 있고
살을 파고드는 시린 얼음일 수 있네
건강한 몸으로 마주하는 바람이런가
병든 몸으로 맞을 바람이던가
바람 한 가닥은
천 가지 시름을 주기도 하지만
만 가지 기쁨을 남기기도 하지
내게 남은 건
무엇이기에
바람이 이리도 시린가

바람의 이해 · 2

매서운 바람이 온 지면을 훑고
남은 것 하나 없는 벌판에
바람이 몰고 온 이리저리 뒹굴고 있는
부서진 잔재들
어디서부터 어떻게 손을 대야 하나
막막함을 달래려는데
무엇이 먹을 게 있다고 새들은 부리로
이리저리 뒤적이며
먹이를 찾는다
이것이 자연의 순리 시작일까
보이지 않는 나지막한 곳에서 초록색이 피어오른다
지면을 훑었던 바람은
이제
산들산들
초록의 생명을 건들며 일어나라고 깨운다

생명

어느 순간 발이 가야 할 곳을 잃었다

손이 내 마음대로 움직여지지 않는다

굳어 버린 사지로 두려움이 커진다

하나 둘 나를 거부하며 늘 했던 모든 것이
이제는 고통이고 아픔이다

죽음이 나를 엄습해도 할 수 있는 게 없다

다만

이 모든 걸 인정하고 내 안의 세상을 향한
믿음을 버렸다

새로운 믿음을 향해 내 마음을 둔다

뱉어 내지 못한 말

내뱉지 않아도
알 수 있고
뱉어 내기 두려워
말하지 않는
그런 말이 있다

진한 커피 한잔을 시켜놓고
사색에 잠긴다

저 사람에겐 어떤 말이 숨어 있을까
세월의 흔적만큼
농도가 짙어 가는 뱉어 내지 못한 말
온종일 고민하다
날이 저물었다

사랑 하나 드립니다

사랑열매가 열립니다
작게도 피어나고
크게도 열립니다
크기에 상관없이 내 마음엔
사랑열매가 자꾸자꾸 열립니다
사랑열매를 따주지 않으면
무거워 줄기가 견디지 못합니다
넌지시 당신의 손에
사랑 하나 드립니다
옅은 미소를 보았습니다
당신의 마음에
사랑나무 한 그루 심었습니다

보석

몇 마디의 말 폭탄이
고요한 마을을 아수라장을 만들어 버렸다
여기저기 수류탄이 날아다니며
폐허가 된 마을
인적은 없고 매서운 공기만 남았다
보석을 만드는 세공쟁이처럼
공중에 날아다니는 말의 권세를 잡아
위로와 감사와 사랑을 넣으니
모두가 곁에 있다
하얀 종이 위의 활자
내가 너로 산다

커피 한잔 하실래요!

진한 커피 향이 코끝을 스치고 이끌리듯
너도 나도 바쁜 출근길에도
맛난 점심 후에도
커피 한잔 한 손에 들고
저마다 갈 길을 재촉한다

커피 한잔 하실래요?
물어주는 그대들 덕에
오늘도 나 혼자가 아님을
감사한다

일상에서의 여유, 낭만, 사랑이 함축된
커피 한잔
나에게도
커피 한잔의 진한 향이 남길 바라며
나와 함께
"커피 한잔 하실래요!"

붓이 움직이는 대로

햇살이 살포시 내 방에 스민다
이젤에 걸린 캔버스 위에
물감을 풀어 어제보단 오늘을
농도 짙게 풀어 가는 그림을 그려 넣는다
같은 시간 속에
다른 시간을 채워 가며
세밀한 터치로 그림을 완성해 나간다
하나하나 더해지는 선들이
공간을 메우고
시간을 메우고
삶을 메운다
선이 고운 꽃으로도
초록이 짙은 숲으로도
울긋불긋 화려한 단풍으로도
환하게 웃는 주름진 어머니 모습으로도
캔버스 위엔 내 손에 쥔 붓으로
또 다른 시간을 메운다

골목길

관심 없으면 볼 수 없는 길
구불구불 돌아돌아
문 옆에 또 문
내 이웃이 살고 숨쉬는
숨어 있는 길
쭉쭉 뻗어 있는 건물들 사이에
낮고 아담한 살아 있는
숨은 길
차가 다니기 보단
사람들이,
오늘을 살아내는
우리 이웃이 웃고 떠드는
그런 소담한 길
내 마음에도
그 길을 찾는다
언제부터인가
그 골목길의 웃음소리처럼
활기차고 정이 담긴
소담한 마음으로
오늘 하루를 살아내고자
숨어 버린 골목길을 찾는다

따사로운 햇살에 기울인 그늘

아직은 서늘한 기운이 돈다
햇살 가득한 볕이 너무나 반가운 오늘
따스한 햇살이 나의 앉은 자리를 비춘다
온몸으로 맞이하는 행복한 지금
누구든 좋을 이 시간을 즐기며
눈을 감고 감사한 추억 하나를 챙긴다
어디선간
가리워진 햇살의 따사로움을
그리워하겠지
아침에 드리웠던 그늘은
정오를 지나
자리를 옮기겠지
인생도 그러하리라

감사

지나온 길
지나갈 길
과거와 미래
우리가 서성이는 그 길들 가운데
나는 어디에 있는가
아픔을 끌어안고 앞으로 가기엔
내 발이 무겁다
그래도
두 발로 지금 이곳에 서 있다
비를 맞을 때 우산을 씌워줄 이가
옆에 있다
그가 나이고 내가 그인
곁에 그가 함께한다
그래서
지나갈 길은
어제가 되고 오늘을 지나 내일로 갈 수 있게
감사를 품고 힘겹지만
한 발씩 내디딜 수 있는가 보다

봄비의 기적

얼어붙은 땅 위에
촉촉이 내리는 비
땅을 녹이며 시냇물이 흐른다
앞으로 다가올 계절을 꿈꾸며
촉촉하게 내리는 비에 몸을 맡긴다
비를 맞고서야 녹아든 대지
봄비를 맞이하고서야
새순이 움트고 생명의 기적이 시작된다
대자연에 스며든 빗소리
삶에 녹아든 빗소리

사잇길

넓은 길
탄탄하게 길이 만들어진 걸어가기 참 좋은 길
근데 왠지 불안하다
좁은 길
다들 이 길로 가야 인생의 보람, 선, 의가 있다 말한다
근데 난 가기 불편하다
사잇길
이도저도 아닌 그냥 그런 길
적당히 불안하지 않을 만큼 넓고
아주 좁지 않아 불편하지 않은 길
우린 어디쯤 적당히 타협하며
사잇길을 찾고 선호하며
나를 안심시킨다

머물다 간 자리

남겨진 공간에
뻗고 뻗어 나간 넝쿨
무성했던 푸른 잎들 사이로
소담히 자리 잡은
보랏빛 꽃 너울
서로 얽히고설켜
부대낀 세월만큼
끊어내기 힘든 마음
구비 친 능선을 따라
힘들게 올라온 언덕엔
얽힌 세월이 주고 간
아픈 마음이 남는다

흔적 지우기

한곳에 오래 앉아 터줏대감이 되었다
경험이 많아 척척 진행이 순조롭다
많은 사람을 아우르며 인싸인 듯하다
여기저기 남겨진 사진에 업적이 많다
다행이다
거기에 나의 흔적은 없어서
남겨 진 사진에 박제되어
머무르기보단
새로운 도전으로 더 나아갈 수 있어서
열심히, 묵묵히
자리를 지켰다
그리고
남지 않은 흔적에 감사가 흐른다
내 영광이 아닌 그분의 영광으로 남아서

위로

내가 아프지 않고서야
위로가 되어 줄 말은 없다
아무리 안타깝다 해도
잘못 말하면
상처로 남는다
누구도 알 수 없는 내일
그 앞에 장담할 수 있는 건 없다
아직 아프지 않은 너나
아파했던 나나
지금 끔찍히 아파하는 그가
무엇이 다른가!
그저 내일을 향해 기도할 뿐
그저 손잡고 함께 울어줄
우리가 있는 것 밖에는
위로가 없다

수국의 꿈

찬바람을 맞이하며
눈서리를 만나고
가녀린 가지만으로
무관심 속에서
홀로 버티었다

한가지 꿈을 꾸며
쌩쌩 부는 한파를
견딜 수 있었다

얼음이 녹고 새살이 돋우면
수수하지만 화려한 옷
갈아입는 꿈이 시작된다

도도한 꽃몽우리를 피우며
그만이 낼 수 있는 자태로
꿈을 이루기 위한
인고를 견디었다

수국의 꿈이 나를 위로한다

문틈에 끼인 행복

습관처럼 일어난 오늘
무거운 추가 달린 아침이다
흐르듯 흐르는 오늘이
버거운 세상을 달았다
그래도 아침을 맞는다
오늘을 지내다 보면
어쩌면 가벼워지리라는 희망을 안고

습관처럼 일어난 오늘
깃털처럼 가벼운 아침이다
밤새 잠을 잘 잔 덕일까
하루를 기대하며 아침을 맞는다
행복한 하루의 문을 연다

그렇게 나의 행복은
문틈에 끼어
나의 하루를 농락한다

그래도 그래도
그런 하루하루가 감사하다

너의 향기

넘실대는 파도가
쉴새없이 바위를 쳐댄다
단단한 바위도 끝없이 쳐대는 파도에
조금씩 살점이 깎여 나간다
뾰족했던 건 깎이고 평평했던 건 움푹 파여
파도를 담는다

시간의 흐름을 거쳐
드러난 바위는
어디에도 없는 장관을 이룬다
억겁을 거쳐 이루었기에
누구와도 견줄 수 없는
너만의 향기를 품었다

떠나간 이의 노래

흔적을 지우고 떠난 이
앉았던 자리 머물렀던 자리
같은 장소 다른 시간
있을 땐 몰랐던 마음의 소리
보이지 않았던 자리
아니
보지 않았던 자리
좀 더 보아 줄 걸
좀 더 들어 줄 걸
조용히 묵묵히 그 자리를 지키던 이
조용히 묵묵히 흔적을 지우고 있었다
그런데
이제야 흔적을 지우고
떠나간 이의 노래가 들린다

사랑이어라

텅 빈 세상
님이 없는 세상
땅 끝에 서 있는
황망하게 떠난 이에 대한 노래

그리울 줄 알았지만
이렇게 사무칠 줄은 몰랐네
추운 겨울 준비하기도 전에
떠난 그대
매서운 바람이 살을 파고들어도
아픈 줄 모르고
그대 없음에 지새는 이 밤이 더 시리네
사랑이라 말하기 전에 떠난 그대 뒤에
사랑이라 외치는 나만 남았네

※어느날 갑자기 사랑하는 권사님을 보내며

어머니 고향 가셨네

고향 가는 길 배웅하고
오는 길목에 한참이나 서성였네
어머니의 얼굴 한 번 더 볼 수 있으려나
어머니의 목소리 한 번 더 들을 수 있으려나
혹여 하는 마음에 서성였네
한참만에야 띄운 발걸음이 천근이나 되더라
곱디고운 옷 입으시고
포근한 고향 찾아가신 어머니
나도 가야 할 그 땅
예쁜 텃밭 만들고 좋아하실 어머니

※소천하시기 전날에 세례 받으시고 편안히 천국 가신 시어머니를 보내드리며

상처

너를 이해하지 못해
너를 알지 못하여
쌓이는 것이 있지
선한 마음을 담아 날려 보내도
돌아오는 건 뼈 시린 바람일 수 있어
서리 내린 마음을 전할까!
사랑의 언어로 온기를 전할까!
푹 페인 상처에 새 살을 돋는 덴
기다려야지
다시 헤집지 않고 그냥 기다려야지
그러면
이해할 수 있을까
오해였단 걸 풀 수 있을까
사랑할 수 있을까
너를

어느 날

나 어느 날 갑자기
이 여행이 끝나거든
아주 잠시 슬퍼해 주오
상처는 잊고
위로와 감사만 남게 해 주오

나 어느 날 갑자기
여행의 기차에서
내리는 날에
허겁지겁 내리지 않게
가벼이 인사해 주오
버거운 짐 보단
가벼이 떠날 수 있게
웃음을 남겨 주오

나 어느 날 갑자기
떠나는 날에
'그래 수고 많았다'
말 한 마디
건네주오

여행

머물렀던 자리
떠나보낸 여운 남아
아직은 온기가 느껴질 즈음
유칼립투스의 향기가 진하다

나 또한 잠시 머물다 갈 자리에
진한 장미 향을 뿌리며
가벼이 떠난 여행에
한바구니 선물 받아
풍요로운 마음 채우고
여행을 떠난다

너를 그리며
너를 느끼며
머물렀던 그 자린
파릇한 풀 내음과 함께 사라져버렸다

또 다른 인연으로
또 다른 향기를 풍긴다

스친 인연의 연수대로
그리움이 크더라

거북이 등껍질

수십 년을 살아오면서
나의 생명 되었던 등껍질
커다란 바위에 부딪쳐도 지켜 주었고
높은 절벽에서 굴러도 보호해 주었던 보호막
언제나 외부의 공격에서 늘 지켜 주던
단단한 나의 성(城)

시간이 얼마나 흘렀을까
이제 나의 성(城)이 무너져간다
장수의 상징이었던 거북도
흐르는 세월은 막을 수 없다
보호하고 모든 풍파를 막아 주었던
나의 성(城)
고생했다 수고했다 말해 주고 싶다

초록생명

새순이 돋는다
매서움 바람기운에도
비집고 돋는 초록의 물감이 퍼진다
살아 있음에 외치는 소리
생명의 시작을 알리며
혹시 모를 버림의 두려움에서
절규를 품어내며
새로운 옷 입고 바람에 반응한다
평안해 보이지만 겨울 한파의 외로움은
견디기 힘이 들었나 보다
죽은 듯 마른가지에 초록 물감에 물들어 가고
너에게 전하는 기쁜 소식 생명
그렇게 한 뼘 성장해 가는 일기를 쓴다

광선에 비친 풀잎

봄비에 이어
여름을 알리는 장맛비
그것이 얼마나 값진 건지 아나요
땅에 물을 머금으며
때론 차고 넘쳐 감당하기 힘들어도
무지개를 약속하신 말씀 속에서
비 온 뒤 광선으로 비추이는 초록잎을 본다
한참 비 맞은 뒤의
새로이 움트는 풀들의 반짝거림을
신록의 미소는 언어로는 따라갈 수 없어
그저 감사함으로 미소에 화답하네

※사무엘하 23:4절 묵상하며

절망을 풀이 하다 · 1

시골의 저녁은
그야말로 아무것도 보이지 않는다
칠흑 같은 밤이어야
보이는 것
그렇게 많은 별빛이
나를 비추고 있는지 몰랐을
시골의 저녁 풍경

절망을 풀이하다 · 2

바라고 소망하고 지켜왔던 것으로부터의 배신
함께 가야 이룰 수 있는 것들
그 속에서의 외로움
의인 5명을 찾지 못한 아브라함과 하나님의 심정
사랑이라지만 사랑하지 않는 우리
사랑해야만 하지만 결코 쉽게 이루어지지 않는
사랑이야기
그럼에도 그 길을 찾아 나서는 이들이 있어
절망을 딛고 일어설 용기를 가진 자
사랑을 잃어 버렸지만 다시 시작할 수 있는
사랑이야기
우리 안에 있음을 기억해 내자

회복

고기를 잡으러
그물을 내린다
하나도 잡지 못하고
드리웠던 그물 올리며
한숨이 깊어지는
어부의 삶
어쩌다 무거워진 그물을 올리니
찢어진 그물로 물고기가 빠져나간다
찢긴 그물을 촘촘히 기우며
만선의 꿈을 그린다
고난은 나에게 이런 것
얼기설기 엮여 있던 그물이
시련과 아픔을 지나
다시 새롭게 엮여진 그물처럼
촘촘히 내 인생의 그물이 기워진다
그때는 만선이 되어 함께 누리리
온전케 하실 그를 향해 기쁨을 누리리

집 앞에 핀 꽃

강변 앞이라 거센 바람이 차갑다
창문을 꼭 꼭 닫고
내다보지 않았던 집 앞 나무들
상둥상둥 잘린 나무들이
애처롭기까지 했던 벌거숭이 나무들
어느새 신선한 바람이
나를 좀 봐 달라는 듯 스치고 지나가
문득 창 밖을 봤다
어느새 새순이 돋고 꽃몽우리를 지나
팍팍 터져 있는 꽃들이
'거봐 진 작에 나를 좀 보지'
하는 말을 건네고 있었다
마음의 꽃밭도 나를 보며
건네는 화사한 풍경을
미처 보지 못하고 지나갈까
서둘러 차가운 내 마음을 정리한다

힘찬 여름이다

햇빛 찬란한 여름이 몰려온다
어린 초록이 영글어
성숙미를 자랑하는 초록빛과
열매를 맺기 전 활짝 핀 꽃들이
저마다의 청춘을 즐기고 있다
하하호호 자기들만의 언어로
날 좋은 에너지를 받으며
무럭무럭 성장해간다
비바람 불어 떨어진 꽃잎에도
괜찮아 서로를 토닥이며
멋진 여름을 즐기고 있다
다소 무더움에 지치더라도
햇살 가득한 기운을 받아
너를 응원하며
서로에게 인사를 건네는 힘찬 계절이다

가을비 향기

살랑 살랑 바람이 불어
가을을 재촉하며 불어온다

얼마만큼 머물다 갈지 몰라도
높은 하늘에 푸르름
하얗게 넘실대며
내 마음을 실어 나른다

그 시절 향기가
가을비에 묻어 내린다
향기 짙은 비가
사랑했던 그의 대지에
적시길 바라며
가을비를 맞는다

가을축복 · 1

잠깐 스치는 가을을
느끼지 못하는
우리네 일상
되돌아볼 생각 못하고
살다가
이제야 되돌아보는 삶이
나에게 축복이었다
얼기설기 엉키며 올라가는 덩굴이
나에게 축복이었구나
독야청청 혼자서 잘 지내온 줄 알았지만
나 또한 덩굴이었구나
그래 그게 축복이구나
이제야 느끼네

가을축복 · 2

선선한 바람이 시원했던 가을
어느새 추운 겨울을 준비하라 하네
날씨도 더웠다 어느 날은 추웠다
변덕이 심한데
내 마음도 날씨 따라 변덕이 심하네
나에게 많은 감정을 주신 그분께 감사하네
널뛰는 감정 때문에 심심하진 않잖아
오늘은 어떤 감정으로
하루를 지날까 걱정 반 설렘 반
하지만 내 성품은 좋길 바래
욕심을 부려본다

가을축복 · 3

점점 짧아지는 아름다운 가을이
못내 아쉽다
가을 단풍을 느끼지도 못하고 보내겠네
형형색색이 주는 힐링이 우리를 겸손하게 한다
자연이 주는 위대함 앞에
아무도 거스를 수 없다
신은 우리를 거대하기 보단
부족함으로 만드셔서
채워 나가는 지혜를 배우게 하셨다
크고 위대한 자연 앞에 나는 겸손을 배운다
그 겸손은
엉키는 삶을 풀어 나가는 열쇠가 된다

가을축복 · 4

뜨거운 햇살에 지친 우리를
그 뒤 바로
얼음과 같은 차디찬 폭풍우로
우리를 내몰았다면
우리의 몸과 마음은 견딜 수 있었을까
짧지만 아름다운 단풍이 주는 기쁨이
우리를 버티게 해 준다
사이사이 우리를 쉬게 하는 행복을
놓치지 않길 바래

가을축복 · 5

뜨거운 햇살을 받고 자란 과일
무럭무럭 자라 풍성함으로
추수할 때를 기다린다
"올 여름 비가 많이 왔어"
"올 여름 너무 더웠어"
하는 말들이 많았지만
그래도 추수할 곡식으로
추운 겨울을 준비한다
이 가을에 작년보다 풍성해서 좋아도
작년보다 풍성하진 않아 조금 부족해도
늘 우리는 감사해야 할 것은
이 모든 게 자연이 주는 축복이기 때문이다

겨울맞이 · 1

매서운 한파가 싫다
단단히 준비가 되어 있어도
몸에 한기가 쉽게 느껴지는 나이가 되면
엄동설한에 얇은 옷 입고 뛰노는 아이가 부럽다
똑같은 추위지만 느끼는 체감이 다르다
움츠러들어 배에 지방만 채운 현실이
이만큼 이끌고 온 길이다
조금씩 고비 고비를 넘나들다
청춘이 하나 둘 빠져 나가 어느새
이 몸으로 남았다
그래서 슬픈가?
그래서 아쉬운가?
아니라 말하고 싶다
아쉬운 시절이었지만 최선을 다했기에

겨울맞이 · 2

단단히 옷 갖춰 입어라
몸 상할라
어머니가 하는 말 그때는 몰랐지
당신만큼의 나이 들어보니
이제 알겠네
당신이 시렸음에 하신 말씀을
지금도
"얘야 밖에 춥다
옷 단단히 입어라"
"엄마 밖에 춥다 그치!"
당신의 시려 울 겨울
함께 겨울맞이 해요

겨울맞이 · 3

봄을 기다리며
맞이하는 겨울
그래서
조금 덜 추운 걸까?
햇살 내리쬐는 거리를 보며
이제 시작하는 겨울이
야속하지만은 않다
'지킬만한 것 중에 더욱 네 마음을 지키라'
말씀처럼 추운 겨울에 지킬 것을 잡아
뼈를 튼튼히 하고 마음을 지키며
겨울을 지내다 보면
어느새 봄에 피는 만 가지 꽃들이
즐비하겠지
꽁꽁 동여맨 내 옷자락 틈으로
어느새 봄소식이 들려오는
그날을 기다린다

갓 지은 밥 한 그릇

정성 들여 지은 밥
갓 지은 밥이 어찌나 맛있는지
찬이 없어도 한 그릇 맛있게 냠냠
우리네 밥상
귀한 손님에 따스한 밥 한 끼 먹이는게
우리네 정이어라
날이 저물어 어둑한 골목길에
"00아 ~~ 밥 먹어라"
불러들이는 엄마의 외침이 사라졌다
따스한 밥 한 끼 대접의 손길이 드물다
우리네 정이 변하고 있다
지금 막 다 된 따끈한 밥 함께 드실래요!

3부

소망

일어나 함께 가자

모든 게 끝났다
세상이 배신한 두려움
오롯이 혼자라는 절망

귓가에 들리는 소리
'사랑하는 자야 나와 함께 일어나 가자'
나의 손을 잡고 이끄시니
아직도 두려움이 날이 서있지만
그 손만을 의지하며 갑니다
위로 자를 붙이시고
인내와 온유와 사랑으로 이끌리어
한 번 더 깊은 당신을 알게합니다
아직도 세상은 등 돌려
나를 배신하지만
'일어나 함께 가자 나의 사랑하는 자야'
당신과 마주잡은 손
힘주어 잡고 갑니다

꿈을 꾸리라 · 1

내 살던 고향집에 가면
집이 보이는 길목에
커다란 감나무 두 그루가 있다
할머니와 거닐고 동무들과 뛰놀던 길목엔
사람의 발걸음이 사라져 외롭지만
아직도 듬직하게 버티고
그 옛날의 기억처럼
북적이는 꿈을 꾼다
감을 따려 아슬아슬 뻗치던 장대의 손길도
새들이 쪼아 먹는 풍경도 사라졌지만
100년이 넘게 지키고 섰는 감나무 두 그루
고목이 되어 기다림에 지쳐 목이 쭈욱 길어졌지만
그래도 꿈을 꾸리라
그 시절의 시끄럽던 동네 아이들의 뛰노는 소릴

꿈을 꾸리라 · 2

'아이들은 예언할 것이요
청년들은 환상을 보고
아비들은 꿈을 꾸리라
주의 영이 임하면'

꿈을 꾼다는 건
지금에 안주하지 않고
앞으로 조금씩 나아간다는 것

꿈을 꾼다는 건
힘이 다 빠져있다 해도
일어서리라는 믿음이 있는 것
존재의 가치를 아는 것
희망을 간직한다는 것

꿈을 꾼다는 건
설레는 마음으로 내일을 기다린다는 것

꿈을 꾼다는 건
어둠에서 빛을 본다는 것
그 빛이 나를 꿈꾸게 하리라

중년의 꿈

이리저리 다니다 보니
어느덧
나이 중년을 맞아
생각에 잠긴다

젊은 시절
하고픈 것 많아
이리 기웃 저리 기웃
제대로 이룬 것 없네

지나간 시간 훌훌 털고
이제 묵직한 꿈 하나를 보탠다
무엇이 되었든 열심히 살아온 인생에
위로를 보낼 꿈
그 꿈을 시작하려 한다

목적지

넘실대는 파도에
내가 실려
넓은 바다로 나아간다
내 의도와는 전혀 다른
세계에 파묻혀
숨쉬어야 하는
또 다른 나와 마주한다
넓은 바다가 좋다지만
나는 멀미가 심해
견디기 힘이 든다
그러나
약 먹고 바르고 버텨 내야
내가 가야 할 곳에 도착하겠지

부흥

잊고 살아 정확한 의미를 상실했네
잊고 살아 일어날 수 없을 거라 정리하고 살았다
안주함으로 보이지 않았던
그 옛적 흔하게 경험할 수 있었던 부흥
그 옛적 열정으로 뒤덮던 일
부흥 again
에즈베리에 성령의 바람이 불어
위로와 평강이 흐르고 있는 부흥
뜨거운 바람 회개와 평강이 불어올 부흥
오롯이 하나님의 방법으로
일으켜 세우고 걷게 하시는 그분으로부터의 부흥
낡은 부대는 버려야 새 부대를 가질 수 있는 부흥
그 부흥을 기대하며

간헐적 다이어트

많은 다이어트 중
공복을 오래 유지한 후
식사할 때는 5대 영양소를 채워 충분히 식사하는
간헐적 다이어트가 있다
우리의 삶도 간헐적 다이어트가 필요하지 않을까?
좀 떨어져 거울을 보면
어느새 뚱뚱하게 살이 찐 나를 발견하게 되겠지
5대 영양소를 골고루 섭취하지 못한 비대해진
나를 보고
놀랄 거야 내가 아니라고
한 방향만 고집했던 나의 틀어진 모습
울퉁불퉁 튀어나온 살집들이 우스꽝스런
나를 만들었지
다이어트를 시작하자
공복을 통한 절제를 배우고
공복을 통한 선별을 배우고
공복을 통한 맛을 찾자
그리고 다양함을 만나
균형 잡힌 멋진 몸매를 가꾸자

기도할께요

비바람에 울고 있는 작은 새가 있습니다
휘몰아치는 비바람에 잠깐 동안이라도 쉴 만한
나뭇가지도 보이지 않습니다
비에 흠뻑 젖어 날개를 펴기도 버거운
작은 새가 울고 있습니다
작은 몸을 숨길만한 나뭇잎도 없습니다
작고 연약한 어린 새의 눈물을 보시고
마른가지 하나 보게 해 달라고
거센 비바람에 젖은 몸 숨길 수 있는
작은 잎 하나 발견하게 해 달라고 기도할께요
울고 있는 작은 새를 안아
비바람이 와도 평안히 잠들 수 있는
둥지에 닿을 수 있게 기도할께요

살다 보니 살아 보니

이러지 마라 저렇게 하면 안된다
살다 보니
좁은 틀에 갇혀 살기보단
넓은 울타리를 만들며 사는 게 더 풍요롭더라
어디서나 똑 부러지는 말주변보단
살아 보니
지혜로운 행함이 사람을 끌더라
나에게 생기는 이득에 민감하기 보단
조금의 손해에 둔감해지는 게
살아 보니 더 이득이더라
살다 보니
나 혼자는 하루도 못 살겠더라
살아 보니
내 이웃이 나를 살리더라
나의 사랑하는 사람아
너의 인생이 아름다움이 가득한 삶으로
확장되어 지길 소망한다

소원 · 1 (2017 아들에게 보내는 편지)

잔잔한 호수의 세상을 만들든지
쉴새없이 거친 파도치는 바다를 취하든지
선택할 수 있다면
고요함 속에 썩어짐을 택하기 보다는
거칠고 힘들지만 어려움을 살아내는
그래서 더 단단해지는 파도를 택했으면 좋겠습니다

물질에 눈멀어
베풂을 잊어버리고
높음에 취하여
긍휼을 취하지 아니하고
교만으로 인한
자신을 죽이며
편안에 안주하여
영혼이 썩어지는 선택이 아니었으면 좋겠습니다

나보다 더 나은 세상을 살기 바라지만
세상이 전부인 양 살기를 바라지는 않습니다
나보다 더 많은 지식을 갖기를 바라지만

정의와 공의를 저버린 지식만을 취하진 않았으면
좋겠습니다
나보다 더 좋은 사람들과 어울리길 바라지만
그들 때문에 자신의 신념을 버리지 않았으면 좋겠습니다
나보다 더 깊은 믿음으로
세상을 이끄는 믿음의 자녀가 되길 소원합니다

무게를 이기지 못한다 하여
포기하는 아이보단
그 무게를 나누어
함께 갈 줄 아는
아이가 되었으면 좋겠습니다

소원 · 2

살다가 살다가
혼돈으로 인하여
방황할 때
너의 눈을 돌려 하늘을 보렴
너에게 비추이는 빛이 늘 너를 향해 있음을

살다가 살다가
풍랑에 두려움이 생기거든
너의 앞에 먼저 서신 주님이
손 내밀고 계심을 바라봐다오

살다가 살다가
차디찬 외로움에 지치거든
너의 마음을 열어
항상 너를 바라보고 응원하는
가족을 생각하렴

두렵고 힘들고 지치고 넘어질 때
시선을 돌려
주변을 보렴

축복 가득한 디딤돌이
너를 받히고 있음을 찾아보렴

아들아
사랑 가득한
응원을 보낸다

소원 · 3

다가온다
이길 끝 길모퉁이를 돌면
탁 트인 들판이 있을 거라고 들어왔기에

다가온다
골이 깊은 산 정상엔
신비한 아름다움이 있음을 들어왔기에

이제 하나의 작은 모퉁이를 돌고
또 하나의 작은 골을 통해 산에 오르면
넓은 들판과 아름다운 풍경이 다가올 것이다

※ 아들아 열심히 길을 찾아 여기까지 와 줘서 고맙다
하나의 작은 산을 넘고자 노력한 너에게 박수를 보낸다
또 다른 산을 넘을 때 지금을 기억해다오

기도한다

기도한다
넘어져도 잘 일어날 수 있는 방법을 터득하길
외로울 때 찾아갈 지인이 있길
기쁜 일이 있을 때 교만하지 않으며
기쁨을 즐길 수 있길
아플 때 손 내밀어 함께 있어 줄 사람이 있길
기도한다

실패로 좌절을 알게 될 때
지혜로 일어설 수 있길
나만이 아닌 우리가 그 삶을 이어 나가길
교만보다는 겸손으로
자랑보다는 감사로
돌부리를 피하는 밝은 눈으로
사람을 만나며 관계를 유지하는
지혜로운 자로 삶의 길을 걸어가길
기도한다

너에게 주고픈 것

너에게 주고픈
하나
세상을 이기며
평강이 깃든 시간을 주고 싶다
너에게 주고픈
또 하나
지혜가 깃든 생각을 주고 싶다

세상을 이길 힘
하나
너를 향한 사랑이 항상
너에게 깃들길 바래본다

※ 고3이 되어 지친 몸으로 아침에 일어나기 힘든 몸을 이끌고 학교 가는 너의 모습에 엄마의 마음을 담아

나의 작은 소망

세월을 지내다 보니
아주 크고 원대한 꿈보단
소박하고 사소한 작은 소망에
마음을 나눈다

푸드 트럭 하나 장만해
맛있는 음식 만들 준비와
예쁜 꽃 양동이에 담아
구석구석 달리며
구원의 사랑 전하고프다

산골 어느 매쯤 있을
사랑스런 너를 만나기 위해
정성 담은 푸드 트럭 만들고 싶다

◆ 해설

조용한 기도, 부드러운 시선: 박희정 시의 영적 미학

정연수
(시인·문학박사)

　박희정 시인은 자연과 신앙, 그리고 인간 존재의 미세한 떨림을 부드러운 언어로 직조해낸다. 자연과 삶의 내밀한 순간, 신앙의 깊이, 존재의 의미를 조용히 사유하게 만드는 내면의 거울이자 고백에 해당한다. 그의 시편들은 거대한 상징이나 추상적 관념에 기대지 않는다. 대신 구름 한 자락, 시장의 새벽, 벼랑의 소나무처럼 눈에 보이는 풍경 속에서 고요한 내면의 울림을 길어 올린다. 삶과 신앙의 깊은 수직성과 수평성이 교차하면서 시를 이룬다. 바로 그 지점에서 우리는 인간 존재의 구도(求道)를 엿볼 수 있다. 박희정 시인은 거창한 신학적 언어가 아닌, 삶의 언어로 신앙을 말한다. 신앙이란 결국 '지금 여기'에서 하나님을 발견하는 눈을 갖는 일이며, 삶이라는 거친 숲을 느리게 걸으며 그 안에서 말씀을 듣는 과정이라고 시화한다. 그 신앙은 현실 세계 속에서 가족과의 사랑, 이웃과의 사랑, 자연 속 작은 존재에 대한 연민을 통해 더 구체화 된다.

하늘 위에 올라 보니
자연이 주는 신비에
무한을 느껴 본다
청정한 푸르름으로
내 삶도 깨끗해지며
몽글몽글 피어 오른 구름이
상심을 덮어
원래 없었던 것처럼
가벼이
더 높은 하늘로 올려보낸다

-「구름 위에 올라 보니」 전문

이 시는 자연이 인간 내면에 미치는 치유의 힘을 다루고 있다. 시인은 구름 위에 올라서 느끼는 "무한"의 감정을 통해, 일상에서 지닌 상심과 번민을 덮고 씻어 내려 한다. "청정한 푸르름으로/내 삶도 깨끗해지며"라는 구절은 자연과 자아의 정화 작용이 병치되는 순간을 보여준다. 시적 화자는 단지 자연을 바라보는 존재가 아니라, 자연 속에 들어가 그것과 혼연일체가 되는 자아이다. "몽글몽글 피어 오른 구름이/상심을 덮어/원래 없었던 것처럼/가벼이"라는 구절은 이 시가 단순한 감상적 태도를 넘어선다는 것을 보여준다. 육체를 넘어선 초월의 감각을 다루면서, 자연이 주는 영혼의 무게 감량을 섬세하게 포착한 명상시의 경지에 이른 것이다.

나 서 있는 이곳
주님을 찬양하기 좋은 곳
온전한 그분과 함께한 이곳
주님을 경배하기 딱 좋은 곳
폭풍우가 나를 넘어뜨려도
주가 나를 품에 안으심을 알기에
나 서 있는 이곳에서
주님을 춤추며 찬양하네
광선이 나를 피해 간다 해도
두렵지 않을 자신있네
나 서 있는 이곳에 주님과 함께이니

나 서 있는 이곳
주를 찬양하기 딱 좋은 곳

─「나 서 있는 이곳」 전문

 이 시는 신앙시의 전형을 따르면서도, 고통의 현실 속에서 '경배'라는 행위가 어떻게 구원의 언어가 되는지를 보여준다. 반복되는 "나 서 있는 이곳"은 장소보다 태도와 믿음의 상징이다. "폭풍우가 나를 넘어뜨려도/주가 나를 품에 안으심을 알기에"라든가, "광선이 나를 피해 간다 해도/두렵지 않을 자신있네"라는 대목은 극한 상황 속에서도 흔들리지 않는 신앙의 자기 확신을 드러낸다. 찬양이 절규(폭풍우)와 겹치는 지점에서, 시는 영적 고양으로 나아간다. 신을 '찬양하기 딱 좋은 곳'이라는 표현은 일상적 공간이 곧 성소가 될 수 있다는 확신이기도 하다. 고난 중에 서 있는 그 자리, 그 고통의 공간이 곧 성소가 된다. 고통의 순간을 외면하지 않는 기독교 신앙이 잘 드러나는 셈이다. 고통(폭풍우)의 순간을 '함께하시는 주님'을 경험하는 축복의 장소로 재정의하는 것이다.

> 하늘과 물이 맞닿은 곳은 수평선
> 하늘과 땅이 맞닿은 곳은 지평선
> 하늘과 내가 맞닿으면 무엇이 이루어지려나
> 너와 내가 맞닿은 곳에 사랑이
> 서로가 서로를 안아 줄 사랑이 이루어지면 좋겠다
> 수평선에 그려진 노을이 내 마음에 그려지면
> 그 사랑이 노을을 만들고
> 너도 나도 구별 없이 어우러지는
> 하늘과 맞닿은 노을을 그린다
>
> —「노을을 그리다」 전문

박희정 시인은 자연현상을 감각적으로 인식하며, 그것을 인간관계와 연결한다. '수평선', '지평선'이라는 공간적 개념은 "너와 내가 맞닿은 곳"으로 전환되어 사랑의 가능성으로 확장한다. "하늘과 내가 맞닿으면 무엇이 이루어지려나"라는 화두에서 출발한 이 시는 사랑이란 추상적 감정을 자연 속에 투사해 채색하였다. 시는 마치 붓으로 노을을 그리듯 섬세하고도 따뜻한 서정을 드러낸다. "너도 나도 구별 없이 어우러지는" 구절을 통해 경계 없는 사랑과 존재의 연대에 도달한다. 수직적인 하나님 사랑과 수평적인 이웃 사랑이 십자가처럼 교차할 때 완성하는 기독교 신앙의 정수를 보여준다. 감정이나 윤리를 넘어서, 하나님과 연결된 존재로서 타인을 섬기는 태도라 하겠다.

> 내가 꿈꾸던 세상
> 자연 속에 파묻혀
> 숲이 주는 진리 속에
> 시간은 광속으로 가 버리지만
> 나를 느리게 붙잡으며
> 숲을 보라, 숲을 느끼라 외친다
> 머리는 하늘에 있고
> 몸은 땅에 있는 기이한 세상
> 머리와 몸이 하나가 되는 때가
> 내가 꿈꾸는 세상을 만나리
>
> —「느림보」 전문

이 시는 현대의 속도감에 대한 비판과 자연의 리듬 속으로 들어가려는 욕망이 교차하는 작품이다. "숲을 보라, 숲을 느끼라"는 외침은 시인의 선언이자 독자에게 던지는 메시지이다. "머리는 하늘에 있고/몸은 땅에 있는 기이한 세상"이라는 형상은 인간 존재의 분열성과 통합의 갈망을 상징한다. 느림은 소외된 가치처럼 보이지만, "시간은 광속으로 가 버리지만/나를 느리게 붙잡으며"에 나타나듯 그 느림 속에 진정한 삶의 이상을 본다. 생태적 감수성과 철학적 성찰이 만나 빚은 아름다운 시적 선언문이라 할 수 있다.

벼랑 끝 소나무
아슬아슬 뿌리내리고
발에 균형 잡고 줄을 타듯
서 있다
잎사귀 사이사이로
미끄러지듯 흐르는 바람은
머리카락을 휘어잡고
낚아채듯 소나무를 사정없이 흔든다
소나무는 최대한 가늘게 몸을 만들고
바람의 농락에 맞선다
땅에 남은 조금의 양분이라도
놓치지 않고 흡수해
매서운 칼바람에도
쉽게 긴장감을 드러내지 않는다

-「벼랑 끝 소나무」 전문

 이 시는 한 그루 나무를 통해 긴장된 생존과 존엄의 미학을 보여준다. "줄을 타듯/서 있다"는 현실처럼, 위태로움 속의 생명, 그것이 곧 '벼랑 끝 소나무'의 존재 방식이다. 바람에 흔들리고도 꺾이지 않는 소나무는 인간 존재의 은유로, 극한 상황에서도 끈질기게 생을 이어가는 강인한 자아의 상징이다. "소나무는 최대한 가늘게 몸을 만들고/바람의 농락에 맞선다"는 구절은 투쟁의 방식으로서의 '유연함'을 드러낸다. 강인함은 거대한 외형이 아니라, 위기를 흡수하고 균형을 찾는 지혜에 있다는 메시지를 전한다.

고요한 거리 속에서
다른 세상이 문을 연다
강렬한 태양 아래
생명이 숨쉬는 시간보다
생명이 움트기 전
새벽
햇살이 비치기 전
캄캄함 속에서
활력이 솟는다
하루의 시작을 알리기 위해
꽃을 고르며 더 빨라지는 발걸음
꽃을 다루는 손이 바빠지며
다시 심장이 뛴다
삶이다!

-「새벽시장」 전문

    이 시는 '노동의 새벽'을 생명의 시간으로 그리고 있다. 시적 리듬감 속에서 삶의 구체적 현장이 생동감을 전하는 작품이다. 어둠과 정지로 상징되던 새벽이 생동과 활력의 기점이 된다. "햇살이 비치기 전/캄캄함 속에서/활력이 솟는다"라든가, "꽃을 다루는 손이 바빠지며/다시 심장이 뛴다"라는 구절에서는 새벽의 순간과 생계의 구체성이 만나는 역동성이 드러난다. 새벽시장은 단순한 거래의 장소가 아닌, 하루를 여는 '생명력의 공간'으로 재해석되는 것이다.

    또 다른 시에서 "시작이 감사한 하루"(「눈이 부신 하루」)를 끌어낼 수 있는 긍정성은 일상의 시선을 따뜻하게 포착한 '고요한 찬가'로 나아간다. 그런 긍정성은 '지금 여기'의 지혜에서 나온다. "그래도/두 발로 지금 이곳에 서 있다"(「감사」)라는 구절에서 보듯, 내면의 불안과 체념을 딛고 다시 '지금 여기'로 서려는 의지를 드러낸다. 「감사」에서는 단순한 긍정성뿐만 아니라, "곁에 그가 함께한다"는 구절을 통해 관계의 중요성까지 나아간다. "감사를 품고 힘겹지만/한 발씩 내디딜 수 있는가 보다"(「감사」)라는 구절은 '감사'라는 감정이 단지 수동적 수용이 아니라 능동적 선택임을 말해준다. 박희정 시인은 존재의 위치를 성찰하고, 그것을 긍정하려는 정신을 시에 담아낸 것이다.

> 고향 가는 길 배웅하고
> 오는 길목에 한참이나 서성였네
> 어머니의 얼굴 한 번 더 볼 수 있으려나
> 어머니의 목소리 한 번 더 들을 수 있으려나
> 혹여 하는 마음에 서성였네
> 한참만에야 띄운 발걸음이 천근이나 되더라
> 곱디고운 옷 입으시고
> 포근한 고향 찾아가신 어머니
> 나도 가야 할 그 땅
> 예쁜 텃밭 만들고 좋아하실 어머니
>
> —「어머니 고향 가셨네」 전문

이 시는 죽음을 '고향 가는 길'로 은유하며 어머니에 대한 애틋한 그리움을 풀어낸 작품이다. "곱디고운 옷 입으시고/포근한 고향 찾아가신 어머니"라는 구절은 죽음을 새로운 안식처로 바라보는 신앙적 관점을 드러낸다. "예쁜 텃밭 만들고 좋아하실 어머니"라는 구절에서 죽은 이를 향한 지속적인 사랑과 기억의 힘이 느껴진다. "혹여 하는 마음에 서성였네"라는 구절이 잘 보여주듯, 애도의 언어가 고요하고 정제된 방식으로 형상화되어 있다.

> 시골의 저녁은/그야말로 아무것도 보이지 않는다/칠흑 같은 밤이어야/보이는 것/그렇게 많은 별빛이/나를 비추고 있는지 몰랐을/시골의 저녁 풍경
>
> -「절망을 풀이 하다 · 1」 전문

> 잠깐 스치는 가을을/느끼지 못하는/우리네 일상/되돌아볼 생각 못하고/살다가/이제야 되돌아보는 삶이/나에게 축복이었다/얼기설기 엉키며 올라가는 덩굴이/나에게 축복이었구나/독야청청 혼자서 잘 지내 온 줄 알았지만/나 또한 덩굴이었구나/그래 그게 축복이구나/이제야 느끼네
>
> -「가을축복 · 1」 전문

「절망을 풀이 하다 · 1」은 어둠 속에서만 비로소 드러나는 '빛'에 대한 인식을 보여준다. "그렇게 많은 별빛이/나를 비추고 있는지 몰랐을"이라는 구절은 절망이 때로는 인식의 통로가 된다는 것을 말한다. 시골의 저녁 풍경은 단순한 배경이 아니라, 고요 속의 깨달음을 이끌어내는 매개이다. "칠흑 같은 밤이어야/보이는 것"은 침묵 속에서 울리는 성찰의 시학이다.

「가을축복 · 1」은 존재의 상호의존성과 그 안에서 발견되는 '늦은 감사'를 노래한다. 덩굴은 얽힘의 상징

이지만, 시인은 그것을 '축복'으로 읽는다. "나 또한 덩굴이었구나", "되돌아보는 삶이/나에게 축복이었다"는 고백은 회고와 성찰의 깊이를 드러낸다. 내면적 침묵을 발견하고, 돌아보는 삶을 통해 삶의 축복을 확인하고 있다.

> 비바람에 울고 있는 작은 새가 있습니다
> 휘몰아치는 비바람에 잠깐 동안이라도 쉴 만한
> 나뭇가지도 보이지 않습니다
> 비에 흠뻑 젖어 날개를 펴기도 버거운
> 작은 새가 울고 있습니다
> 작은 몸을 숨길만 한 나뭇잎도 없습니다
> 작고 연약한 어린 새의 눈물을 보시고
> 마른 가지 하나 보게 해 달라고
> 거센 비바람에 젖은 몸 숨길 수 있는
> 작은 잎 하나 발견하게 해 달라고 기도할께요
> 울고 있는 작은 새를 안아
> 비바람이 와도 평안히 잠들 수 있는
> 둥지에 닿을 수 있게 기도할께요
>
> —「기도할께요」 전문

이 시는 신앙과 휴머니즘이 따뜻하게 맞닿아 있는 기도문 같은 작품이다. "비에 흠뻑 젖어 날개를 펴기도 버거운/작은 새"라는 고통받는 존재를 향한 연민이 가득 담겨 있다. 시인은 단지 관찰자가 아니라, 기도를 통해 타자의 고통에 동참하려 한다. "작은 잎 하나 발견하게 해 달라고 기도할께요"는 극도의 절망 속에서도 희망의 언어를 지키려는 의지를 보여준다. "둥지"
는 기도가 도달하는 궁극의 세계인 것이다.

>
> 이러지 마라 저렇게 하면 안된다
> 살다 보니
> 좁은 틀에 갇혀 살기보단
> 넓은 울타리를 만들며 사는 게 더 풍요롭더라
> 어디서나 똑 부러지는 말주변보단
> 살아 보니
> 지혜로운 행함이 사람을 끌더라
> 나에게 생기는 이득에 민감하기 보단
> 조금의 손해에 둔감해지는 게
> 살아 보니 더 이득이더라
> 살다 보니
> 나 혼자는 하루도 못 살겠더라
> 살아 보니
> 내 이웃이 나를 살리더라
> 나의 사랑하는 사람아
> 너의 인생이 아름다움이 가득한 삶으로
> 확장되어 지길 소망한다
>
> ―「살다 보니 살아 보니」 전문

삶의 경험을 바탕으로 얻은 통찰이 서정적인 운율과 조화를 이루는 작품이다. "살다 보니/살아 보니"라는 반복은 체험의 누적과 깨달음의 진솔함을 강조한다. "조금의 손해에 둔감해지는 게/살아 보니 더 이득이더라"는 역설적 진리는 이 시의 핵심 미학이다. 시는 간결하지만 삶의 지혜는 깊다. 특히 "좁은 틀에 갇혀 살기보단/넓은 울타리를 만들며 사는 게 더 풍요롭더라"는 깨달음을 통해 '이웃 사랑'의 가치를 내세운 점이 돋보인다.

  박희정 시인은 삶과 자연 속에 담긴 질문들에 대한 해답을 찾으면서 시화하고 있었다. 기독교적 신앙을 기반으로 한 사상은 인간의 겸허한 삶과 보편적 사랑의 한 방식이기도 했다. 박 시인이 직조한 언어의 숨결 속에는 감각적 사유와 영적 사유의 지점이 교차하고 있었다. 소박하면서도 철학적이고, 구체적이면서도 영적인 시세계를 견지했다. '살아 보니' 얻은 언어로 시를 쓰며, '기도할께요'라는 문장으로 세상을 품은 셈이다. 이번 시집에 담은 삶의 진실과 시적 울림이 한국 문학사에 '둥지'가 되어주기를 기대한다. 고통의 자리를 외면하지 않고 바라보는 연민과 긍정, 그 자리를 신앙의 힘으로 승화하는 시선이 사회를 더욱 따뜻하게 품기를 기대한다.

순수시선 694

잊지 마, 모든 날들 속에서
그의 사랑이 넘친다는 것을

박희정 지음

2025. 8. 20. 초판
2025. 8. 30. 발행

발행처 · 순수문학사
출판주간 · 朴永河
등 록 제2-1572호

서울 중구 퇴계로48길 11, 협성BD 202호
TEL (02) 2277-6637~8
FAX (02) 2279-7995
E-mail ; seonsookr@hanmail.net

· 저자와의 합의하에 인지를 생략함
· 잘못된 책은 바꾸어 드립니다

ISBN 979-11-91153-86-6

가격 15,000원